미안한 마음

이정희 시집

문학의전당 시인선

미안한 마음

이정희 시집

문학의전당

시인의 말

줄줄이 진딧물 달고도
살구나무는 무성히 초록을 피워낸다.
병든 몸으로도
기어코 알찬 열매 키워낸다.

나도 그랬고
너도 그랬고
우리 모두가 그랬다.

최선을 다했다.

한날 미물들에게서 배운 세상 이치가
오늘의 나를 만들었다.

2023년 5월
이정희

차례

제2부

제3부

제4부

제5부

제1부

별

너를 알고부터
내 마음에도 별이 떴지

나만 알 수 있는
황홀한 별

너무 반짝여 눈부시고
그 무엇도 더 이상 볼 수 없는

눈먼
사랑 별

초록 주인

눈, 비바람
온몸으로 이겨낸
넌 연약한 새싹이 아니야
무엇보다 강한
지구 지킴이
초록이란다

모든 사랑
온몸으로 받은
넌 연약한 어린이가 아니야
누구보다 강한
큰 세상 이끌어갈
주인이란다

복도에서

뭐가 그리 좋은지

두 팔은 하늘에서 팔랑팔랑
한 발은 엉덩이까지 치켜올려
궁둥이 실룩실룩
남사당 걸음걸이 위로
태양처럼 환한 낯빛
복사꽃 붉은 뺨을 익히고
흥얼흥얼 노랫가락은
옹달샘보다 더 맑은
까만 눈 속에서 반짝이는

어떤 아이의 쉬는 시간

누가 더

시원한 계곡물 졸졸 흐르고
잣나무 빙 둘러선 초등학교 운동장

밤새
다람쥐, 청설모 놀다 간 자리
잣송이 서넛 남겨두면

도란도란 노란 버스가 안아 온
귀여운 꼬마 녀석들
널따란 바위 둘러앉아 잣송이 하나씩 품어 안고
제 주먹보다 더 큰 돌멩이로
원시인 흉내 내면

툭, 툭, 툭
돌방아에 튀어나온 잣 알들
햇살보다 더 맑은 웃음으로 받아먹는다

궁금하다

다람쥐 청설모 아이들

누가 더 재미있게 놀았을까?

똑같다

화분 깼다고
야단치시던 선생님

화내다가
귀걸이 한 짝
책상 밑에 들어갔다

귀걸이 찾으려고
벌 받는 우리 앞에
무릎 꿇었다

똑같다
벌 받는 거

난 대장이니까

내 별명 '캔디'
아무리 힘들고 괴로워도
울지 않아
절대 울지 않아
난 대장이니까

내가 울면
나를 따르는 친구들 속상하잖아
나를 의지한 친구들 겁나잖아

내 별명 '캔디'
아무리 힘들고 괴로워도
그냥 웃어
환하게 웃어
난 대장이니까

아침맞이

교문에 서서
등교하는 아이들 표정을 살피고
—어서 오세요
—어디 아프니?
—속상한 일 있어?
—안녕, 즐거운 하루
하이파이브 해주며 난 너무 행복하다

5월 햇살 고운 날
아침맞이 끝내고 들어와 컴퓨터를 켜니
메신저가 들어왔다
4학년 아이가 쓴 주제 일기란다

늦잠을 자서
엄마한테 야단맞고 오는데
선생님이 웃으며 인사해 줘서
기분이 좋아졌다.
선생님은 어찌 생각할지 모르지만

난 선생님이 너무 좋다.

내가 더 고마워

눈물이 났다

할머니의 응원

지금까지 살아보니
인생은
문을 통과하는 거야

산, 강, 도로, 정글, 숲
하나하나 오르고 내리고 건너는 거야
그렇게 문을 통과하는 만큼
단단해지고 성장하며 둥글둥글 되더라고
힘들면 친구나 어른들께 기대
기댈 수 있는 사람 있다는 건
행복이야

힘내
잘 통과할 수 있어
넌, 할 수 있어

보충 공부

친구들 다 아는데
나는 모르겠어요

선생님도
나도 지쳐

쉬는 시간
조금 전 검사받은 친구가 다가와 알려줬어요

이렇게 해봐, 응 그렇게
되지, 나도 조금 전에 됐어

이제 알겠네
이렇게 쉬운 걸 왜 몰랐을까?

쿵쾅쿵쾅 심장 뛰는 이 기분
누가 알까요

쉬는 시간

꼬물꼬물 꾸물꾸물
길을 내어 다리를 놓고 빌딩을 세우며
혼자서도 좋아, 좋아
—넌, 멋진 건축가가 되겠구나!

꽃을 그리고 알록달록 색칠놀이
그리 좋대요
—넌, 훌륭한 화가가 되겠고

숫자놀이 열심히 설명하는
—그래 넌, 선생님이 딱이야

얘들아, 얘들아
이렇게 하면 어떨까?
맞아 맞아, 좋은 생각
—너희는 판사가 되어도 좋으리

하하 호호 히히 헤헤

옹기종기 모여앉아

신나는 놀이로

저마다의 진로를 찾고 있어요

어른들은 모르시나 봐

숨을 쉬지 않고
노래 부를 수 없어
쉬지 않고
산을 오를 수도 없어

우리 살아가는 일도
그런 거야

쉬어야 머리 맑아
공부도 잘하고
쉼이 있어야 건강하고
행복하지

그래서 쉬는데
어른들은 모르시나 봐

사랑의 날

연분홍
편지지에

동글동글
제 얼굴처럼 예쁜
꽃을 그리고

반짝반짝
제 모습처럼 멋진
친구를 그리고

또박또박
제 마음처럼 고운
글씨를 써요

'사랑'이라고

고백

비바람
궂은날에도

마음부터 달려갔던 건
네가 기다리고 있기
때문이었지

힘들고 아플 때
참을 수 있었던 것

네게 기댈 수 있기 때문이었어

혼자 있어도
배시시 웃음 나오고
두근두근
따뜻해지는 가슴

알아,

반짝반짝 빛나는 내 모습
너 때문이란 걸

친구야 사랑해

눈동자

반짝이는 눈동자
가만히 들여다보면 알 수 있어
몰래 간직한 것이
무엇인지

마음속 가득 차오른
비밀이야기
더 이상 숨길 수 없을 땐
맑고 고운 눈동자로 떠오르지

반짝이는 까만 눈동자를 보면
알 수 있어
화남도, 미움도, 슬픔도, 기쁨도
다 사랑이란 거

말

전화기 속으로 걸어와
비수로 꽂혀 가슴 도리는 말
그냥 들으며
나는 저렇게 하지 않아야지
가슴에 꼭꼭 새긴다

거르지 못하고 나온
평생 지워지지 않을 상처의 말
그냥 들으며
나는 정말 저렇게 하지 않아야지
가슴에 꼭꼭 새긴다

고마워, 사랑해, 잘했어, 감사합니다
미안해, 괜찮아……
참 좋은 말
가슴에 꼭꼭 새긴다

강아지와 나

할머닌 나 보고
우리 귀염둥 강아지

할아버진 강아지 보고
우리 강아지 귀염아

누나는
귀염둥아

형은
강아지야

누구든
부르면

강아지하고 나
쪼르르 쪼르르 달려가지요

우리 집 강아지

나하고 똑같은 사람 됐어요

나 잘해

내 별명 '나 잘해'
못하는 게 없지
아무리 크고 힘든 일도
시작은 작더라고
하다 못하면 거기까진 했잖아
후회는 없지

내 별명 '나 잘해'
안 되는 게 없지
아무리 어렵고 복잡한 일도
시작하면 되더라고
까짓것 죽기 아니면 살기지
'나 잘해'

멋지잖아

제2부

마음

선생님께 칭찬받고 집에 가는 길
단풍나무 꼭대기 빨간 잎새
팔랑팔랑 춤을 추어요
단풍잎도 나처럼 신났나 봐요

친구와 싸우고 집에 가는 길
은행나무 꼭대기 노란 잎새
우수수 떨어져요
은행잎도 나처럼 울고 있나 봐요

가만가만 생각하니 마음이어요
좋은 생각하면 행복하고
나쁜 생각하면 슬퍼지는
다 마음이어요

코로나 19

할머니께서 그렸던 고가도로, 고층빌딩 상상화는
오래전 실현되었고

내가 본 바이러스 영화는
지금 현실이 되었네

사회시간에 배운
'세계는 한 지붕'이라는 말
코로나 19로 실감하며

아빠와 함께 본 SF 영화
어서 준비해야겠다

현실로 다가오기 전에

복지국가

흐린 날은
꽃도 슬퍼 보여

친구가 속상한 날
덩달아 속상하고

선생님 기분 좋은 날
우리는 더 신났지

엄마 아빠 행복했던 날
너는 어땠어?

♡♡♡ ⊙♬♧∞

그래서 우린 모두
함께 행복해야 해

살아가는 일

알아주려니 하지도 말고
내 몸 상하면서 하지도 말고
내가 좋아서,
하고 싶어서 해야 해
모든 일

행여 서운한 일 있거든
내 몫이려니 하고 잊어버려
묵묵히 살다 보면
말 안 해도 다 알게 돼

세상은 그렇게
네모도, 세모도, 동그라미도 아닌
조금은 모나고 조금은 깨지면서
둥글둥글 사는 거야

그래야,
모남도 부족함도 과함도

다 품는
큰 사람 되는 거래

배려

세모난 너
모서리 조금씩 버리고
네모난 나
각진 곳 조금씩 갈아내고
동그라미 친구도
매끈함 조금씩 덜어내

울퉁불퉁 어설퍼도
조금씩 채워주며
손잡고 가는 거야

세상은 그렇게 함께하는 거야

동글동글, 동그랗게
둥글둥글, 둥그렇게

민들레처럼

추위를 이기고 (극기)
제일 낮은 곳에서 (겸손)
가장 먼저 (근면)
봄을 알려 (성실)
희망과 기쁨을 주는 (감사)
노란 꽃 (행복)
너를 닮고 싶은 (신념)

오래된 소나무

태풍으로 쓰러진
오래된 소나무

모진 시련 극복하고 씩씩하게 자란
생명의 신비다

우리 아빠,
“와! 정말 멋지다.”
옆집 아저씨,
“거, 값 좀 나가겠는걸.”

어른들은 곧게 자란 나무보다
오래되고 아프게 자란 나무를 더 좋아하나 보다

힘들게 이겨낸 아픔을 알아주는 걸까?
정말 그런 걸까?

나에게도

아름다운 눈으로 응원해주어야 할
다리 아픈 친구가 있다

친구야, 화이팅!

꼬마 무지개

알록달록 무지개
꼬마 무지개

비 올 때 뜨는 무지개 아니야
하늘에 있는 무지개도 아니야

지금은 작고 여리지만
언젠가

세상 깜짝 놀라게 할 커다란 꿈
내 마음속 꼬마 무지개

오늘도 내일도
쑥쑥 자라지요

목표

친구 만나러 갈 때
아무리 복잡한 길도 한걸음에 달렸는데
속상해 무심코 나온 오늘
수많은 길 어디로 가야 하나?

엄마 심부름 가던 날
울퉁불퉁 시골길도 눈감고 갔는데
화나서 무작정 나온 오늘
사방팔방 어디로 가야 하나?

그런가 봐 우리 삶도
속상해하지 말고, 화내지 말고
목표가 분명해야
헤매지 않나 봐

껍데기

껍데기라고
함부로 하지 마

완두콩 껍데기, 꼬투리
내 껍데기, 울 엄마

이 세상
껍데기 없이 자란 알맹이 있을까?

우린, 가장 하찮은 것이
가장 귀한 것이란 걸 때론 잊는다

학부모 참여 수업

엄마하고 나하고 알록달록 그리고
우유 팩 뚝 잘라 날개 만들어
아이스크림 막대 축 삼아
스티로폼 마감한 패트병 물레방아

졸졸졸 물을 붓는다
뱅글뱅글, 뱅 뱅 뱅
돈다, 돈다, 잘도 돈다

엄마 마음
내 마음

하나가 된다

먼 길

깜빡! 잠이 들었나 봐
데구루루 쿵쿵 쿵

달리는 버스 안에서
굴러떨어졌지

피가 나는데
하나도 아프지 않았어

사람들이 큰 눈으로 쳐다보는 거야
얼른 일어나
다음 정거장에 내렸지

도대체 모르는 곳에
그리고 무조건 뛰었어
경찰서를 찾아서

난, 오늘 많은 것을 배웠지

할머니 집 가는 길이
참 멀다는 것을

할머니와 나

할머니에겐 내가
남편이고
아들이고
딸이고
친구고
손녀다

나는
우리 할머니가
할아버지고
아빠고
엄마고
친구다

그래서 우린
더 열심히 산다
여러 몫으로

치매

89년 살아내시느라 고생 많았다고
하느님이 주신 선물

그 선물 받으시고
우리 할머니 아기 되셨네

바쁜 엄마 대신
나 키워주신 할머니
이제는 내가 보답할 차례

괜찮아요, 할머니
밥풀 흘려도, 기억 없어도

나만 잊지 않으시면 돼요

해외여행

신나는 방학
꿈에 부푼 해외여행

우와~
산도 강도 예쁘고 멋진
감탄사 절로 나온
또 다른 세상

선진국, 후진국
더운 곳, 추운 곳
이런 일, 저런 일
뒷이야기 많고 많지만

모두의
마지막 한 마디
아, 사랑스러운
소꿉 같은 우리나라

해외여행 최고의 선물

가슴 가득 나라 사랑

그래서 아름답지

너는 해를 닮아
가슴이 따뜻한 거야
나는 달을 닮아
마음이 둥글둥글하고
우리는 별을 닮아
생각이 반짝이지

꽃처럼 곱고
나무처럼 바르고
물처럼 안아주고
그렇게 우린 자연을 닮은 거야
그래서 아름답지
우리 사는 세상

발견

공기는 보이지 않지만 없는 것이 아니지요
공기가 없으면 우리는 못 살아요

사랑도 보이지 않지만 분명 있어요
사랑이 없으면 우린 행복할 수 없어요

미안한 마음

비 오는 날
아빠 차 타고 물웅덩이 지날 때
날개처럼 펼쳐진 물 분수가
정말 멋졌는데

엄마 심부름 가다가
물 분수가 나를 덮쳤다
머리부터 발끝까지
물 폭탄 뒤집어쓴 생쥐 되어
심부름도 못하고 돌아왔다

지난번
물 폭탄 맞은 사람 보고
킥킥 웃었던 일
정말 미안했다

제3부

욕심

도시 새들은 어디서 물을 먹나?

단독주택 옥상 상추에 물 주려고 받아놓은 양동이 물
창고 옆 강아지 물
학교 노랑어리연 항아리 화분 물

고 작은 부리로
콕 찍어 마시는 눈곱만큼의 물
그걸로 만족한다

참 욕심 없이 살아간다

믿어주세요

내 아이 잘못으로
동네 어른께 꾸중 듣는 거
속상하시지요
그런 당신은 부모입니다

내 반 아이 실수하여
옆 반 선생님께 꾸중 듣는 거
가슴 저리게 속상합니다
그런 사람 담임입니다

학교도 가정입니다
선생님은 부모랍니다
아이들 아끼고 사랑하는
엄마고 아빠입니다

믿어주세요, 학부모님

오늘의 교육 현장

내일은 이것을 가르쳐 줄 거야
상기된 얼굴로
어서 날이 밝기를 기도했던 사람

오늘 저녁
또 한 주를 어떻게 지낼까?
걱정에 잠 못 이룬다

선생님이 행복해야
아이들이 행복하다고

그런 거 다 알지만
그래서 더 잘하고 싶지만

아무것도 할 수 없는 것
이 시대 현실입니다

오늘이 가장 젊고 행복한 날

생각해보니
유년 시절이 가장 걱정 없고 행복했었다
이런저런 아픔과 부족함 많았어도
모두 아름다웠던 기억
희망이 있기 때문이었지

나이 드니
노력한 만큼 살 만한데
걱정 많고 행복하지 않아

다시 생각해보니
다 욕심이었어

아픈 만큼 비우고
지친 만큼 내려놓는 삶
비우고 덜어내야 편안해진다는 걸 알면서
자꾸 또 잊는다

나이 드니
지금이 제일 젊고
오늘이 가장 행복한 날*이라는 것을
유행가에서도 배우게 된다

---

*가수 김용임, 〈오늘이 젊은 날〉 변용.

이주의 양식

더는 기댈 데가 없어

복권 판매점 앞
길게 늘어선 사람들

무표정 일그러진 얼굴 위로 깊은 한숨이 흐른다
나도 모르게 줄을 선다

로또 자판기에서 빠져나오는
숫자 가득한 종이쪽지
소중히 안주머니에 넣는다
손이 시리다

실낱같은 희망
오천 원 복권 한 장
또 한 주를 견딜 양식이다

발령

한 학교에서 5년이 지나면
다른 학교로 이동한다

그런데
가고 싶은 학교가 있고
가기 싫은 학교가 있다
처음 학교를 세웠을 땐
다 똑같은데

각기 다른 이유
학생, 학부모, 동료 교사, 관리자, 위치, 가산점 등
가고 싶은 학교가 꼭 좋은 것도 아니고
가기 싫은 학교가 꼭 나쁜 것도 아닌
나와 궁합을 맞추어야 하는 것

모두가 내 노력에 달린 것을
우리는 참으로 늦게 안다

타인

아침
통학버스 함께 덜컹대며
손잡고 발맞췄지만
지금은 타인

언젠가 하나였던 알뜰한 친구도
지금은 타인

함께 숨 쉬고 마음을 담았지만
돌아서면
또 타인

기쁨으로 충만할 땐 우리였지만
돌아서 가는 길은 혼자
밤하늘 빛나는 유성이 하나이듯
값진 삶도 하나

멀찍이 더 가까이

그런 모두는

우리이고, 타인이어라

베풀고 양보하고 사랑하며

언젠가 몹시 분주했을 도로가 천막
이제 치맛자락 날리는
바람만 머물다 가는
쓸쓸한 공간

가녀린 아낙네가 건네는
웃음과 인정
햇살 한 움큼 팔고 샀을 삶의 추억
바람만 분주히 흔적을 지우네

아옹다옹 우리네 삶도
언젠가는 지워질 모두의 흔적
베풀고, 양보하고, 사랑하며
살아내야 할 길이여라

감사한 마음

한 달이 잘 지나간 것
또 오늘 하루 잘 지나가는 것

모두
공동체의 수고와 정성이 있기 때문이다

우리가 별일 없는 것
한 사람 또 한 사람
숨은 노력이 있기 때문이다

오늘도 작은 공간에서
정성을 다하는 모습을 보았다

눈시울이 붉어지고
가슴이 저렸다

머나먼 논산

5월 달력에는 엄마 얼굴이 그려져 있다
동그라미 그리고 또 그리면
그리움은 풍선처럼 부푼다

엄마 좋아하는 것 하나, 둘 챙길 때
행복도 점점 커지고 마음은 벌써 엄마를 안았다

밤새 뒤척인 그리움 앞세워 달리고 싶은데
고속도로 들어서지도 못하고 길이란 길은 다 주차장
바쁜 마음에 내비게이션도 아무 소용없고
엊저녁 감기 기운은 열 받아 달아났네
국도 탈까?
샛길 탈까?

자식 속 다 타고 머리까지 윙윙거리는 것도 모르고
그저 좋아
"지금 어디냐?"
"밥, 다 됐다."

에구에구 어쩌나
여긴 아직 구리인데
어버이날 논산은 미국보다 더 머네

사람꽃

단풍철에 가장 예쁘다는
소요산에 갔네

단풍은 보이지 않고
사람만 보이네

자세히 보니
단풍보다 더 고운 건
사람꽃이네

동창

소꿉친구들
빛나는 훈장 달고
모두 모였구나

귀여운 개구쟁이가
낯모를 중년 되고
어리숙한 말더듬이가
노련한 달변가가 되어
모두 모였구나

웃고 떠든 마주한 얼굴
너를 봄이 나인 것을

친구야
많이 늙었지만
사랑으로 채워가자

어머니

자식들 짐 되기 싫다고
사돈댁은 멀어야 좋다고
덩그러니 혼자 산다

혹시나 하던 소식 수화기로 들려오면
두근두근 한 달 전부터 바쁘다

큰 손자 좋아하는 조갯살
둘째 손녀 식혜
큰며느리 미나리 김치
둘째 며느리 홍어찜
큰아들, 작은아들……
좋아하는 것도 가지각색
행여나 놓칠세라 삐뚤빼뚤 치부책에 적어가며
냉장고 배부를 때 마음은 더 바쁘다

오는 날
전화통 불나고

사랑 무더기 먹는 모습에 몰려든 행복 주체할 수 없어
당신 먹는 것도 잊고 흐린 눈 닦아가며
보고, 또 보고

이 밤 지나면 떠날 얼굴들
기억 속에 담고 또 담는다

인생

산꼭대기 태어나
돌 틈 헤집고
골짝을 돌고 돌아 만났습니다

아름다운 숲속 푸른 초원 지나 낭떠러지 폭포, 바윗길 비켜 계곡, 시내, 강을 지나 바다로 가는

종착역에 임하여 뒤돌아본 산꼭대기
아스라한 추억 더듬어 환상으로 피어오를 때
하늘로 붕붕 떠오르는 우리네 인생은
쉼 없이 돌고 도는
물이어라

아파트 야시장에서

한 잔 술에 청춘을
또 한 잔엔 우정을, 사랑을 타 마시며
엄마도 아빠도 빨간 꽃이 피었습니다

술래가 건배할 적마다
옆집 아주머니도 아저씨도
연분홍 꽃이 피어납니다

알록달록 꽃밭에 살랑바람 불면
꽃들은 제각기 고운 소리로
활짝 흔들립니다

세상에서 가장 예쁜 꽃
웃음꽃이
춤을 춥니다

천보산 자연병원

살다가 살아내다 지치면
산을 오른다
오솔길 돌고 돌아 향긋한 솔 향기에
정신 맑아지고

굽이굽이 산등성 너럭바위 밑
소나무 뿌리 담근 쌉쌀한 약수 한 모금
긴급 처방은
지친 몸속 돌고 돌아 생기 북돋우네

여기는
천 가지 보물로 처방해드리는
천보산 자연병원입니다

제4부

선물

내 어머니가 아기 되셨습니다
그 많은 욕심 어디 두고
오로지 먹는 것만 잊지 않으셨는지
당신 몫까지 자식들 입에 넣어주시던
그 세월 채우시라고
하느님이 주신 선물
그 선물로
알뜰하신 울 엄마
세 살 아기 되셨습니다

그리운 나의 집

징용으로 골병든 남편
먼저 보내고
분골쇄신 장만한 집 행여 잃을세라
잠그고, 잠그고 또 잠그고
밤낮없이 지키시더니
정작 지켜야 할 가장 소중한
당신은 잠그지 못해
탈탈 털려버렸다
급기야 그 집에서도 쫓겨나
요양원 신세가 되었다
엄마 집 얼마나 그리울까?
얼마나 두려울까?
달 밝은 밤마다
세 살 아기 밥투정하듯
칭얼대다가
엄마는 잠이 들곤 하였다

요양원에서 보내온 사진 1

열 손가락 활짝 펴 가슴에 대고
유치원 놀이 하시는 어르신들
삶의 무게 다 놓아버린 모습
참 편안한데,

두 주먹 꼭 움켜쥔 울 엄마
언제쯤 움켜쥔 손 펼 수 있을까?
언제쯤 무거운 삶 내려놓고
웃을 수 있을까?

요양원에서 보내온 사진 2

고개 숙이고
색칠 놀이에 푹 빠진
아흔다섯 울 엄마
다섯 살 나의 모습 그대로다

어릴 적 우리 엄마처럼
열심히 사는 나
오십 년 전 엄마 모습이다

우린 그렇게
아가였다가 아이였다가 어른이 되어
다시 아이로 아가로

다시 돌아간
순수하고 가녀린 나이 많은 아이들 모습에
감사와 존경을 보낸다

초보의 기도

학교에서 배운 대로
차례차례 조심조심
안전하게 가는데

어머나, 깜짝
갑자기 끼어들면
너무 무서워요

아직 어리다고
앞에서 끌어 주는 건 고맙지만
등에서 식은땀 줄줄 나요

도와주세요
약속대로 규칙대로
잘할 수 있도록

세월호의 기도

이천십사년 사월 열엿새
곱디고운 삼백넷 꽃송이들 거친 파도 차가운 바다 밑으로
영원히 수학여행 보낸 이 시대 부조리와 비양심 어른들
그대들도 자식이 있는가?
형제가 있는가?
부모가 있는가?

몰랐습니다.
사회가 이렇게 부패된 줄, 어른이 그렇게 비겁한 줄
이제는 믿지 않습니다. 아무것도
잘못한 사람들은 또 자기 탓 아니라 하겠지요.
법과 규제는 누구를 위한 것인가요?
이게 선진국 운운하는 내 나라인가요?

4월의 슬픈 하늘이 눈물 뚝뚝 떨구는 아침
양심을 간직한 사람들이
하얀 국화, 노란 리본에 머리 숙여 사죄합니다.
미안하다, 미안하다.

사랑한다. 사랑한다.
대신 용서를 빕니다.

그리고
간절히 기도합니다.
모두가 안전한 세상이기를

삶

삶은
기다림이다

내일을 기다리고
다음을 기다리고
사람을 기다리고
또 무엇을 기다리고

기다린다는 건
행복이다

비 오는 날의 그리움

뜨거운 태양으로 일그러진 대지 식혀줄
단비 내리네

사랑의 열정으로 불타는 가슴 식혀줄
꽃비 내리네

식혀도, 식혀도 보듬어지지 않을 그리움
바람 실어 보내니

번개로 되돌아
천둥으로 질타하는 그리움

비 오는 날은 그렇게
온종일 다디단 그리움이 내리네

신의 결정

의정부 성모병원 앞
자동차전용도로 내리막 굽은 도로
차에 치여 네 발 들고 하늘 향해 발버둥 치는
어린 고라니 위로
비바람 몰아치고
칼날처럼 스치는 차바퀴 천둥과 합세한 굉음의 생지옥

앞서가던 승용차 살짝 비킨 길
미끄러져 내려오며
보지 말았어야 할 그 모습 보았네.
순간, 응시한 빗물 따라 흐르는 광기의 슬픔과 가여움
눈물로 뒤범벅된 차창 밖

얼마나 고통스러울까?
얼마나 외로울까?
얼마나 서글플까?
얼마나 두려울까?

지독하게 아름다운 가을밤
비통하게 죽어가는 여린 생명
아, 어쩌란 말이냐.
이 슬픈 신의 결정을

폭우 속 고속도로 달리는 닭장차

검은 구름 하늘 덮고
장대비 폭격 맞으며 고속도로 달리는
트럭 닭장 안

온몸 웅크리고 서러움에 피멍 맺힌 붉은 눈
차마 둘 곳 없어 제 깃털에 묻고
무슨 생각할까?

검은 죽음을 향해 달리는 차 안에서
서로의 의지도 포기한 고통보다 무서운 두려움
가슴에 울음 토하는 철창

차라리 넋이라도 나가 버려라
대신 기도할까?
회색 공포에 휩싸여 달리는 닭장차 뒤를
한동안 뒤따라갔다

카센터에서

첫눈 오는 날
아빠 차 부딪혀 카센터 갔지요
입구부터 줄을 섰네요
하얀 차는 머리가 깨지고
까만 차는 허리를 다치고
또 덩치 큰 트럭은
엉덩방아 찧었는지 궁둥이가 납작해요
꼬마 차는 안경이 깨져서
눈이 안 보인데요
하나같이 응급환자예요
꼭 내가 아플 때
병원에 가면 아픈 사람만 있는 것처럼
차들도 많이 아프겠지요
날마다 아빠 태우고 다니는
우리 집 토미도 많이 아픈가 봐요
얼굴 찡그리고 자꾸 나를 보아요
—토미 조금만 참아

우리 형 군대 가고

어젯밤도 소주에 의지하며 잠 못 이룬 아빠
바람 쐬고 오면 잊힐까?
친구 만나 마음 터보면 괜찮을까?
오늘도 집을 나갔습니다

형도 아빠도 없는 집은 더 쓸쓸합니다
엄마는 어제, 아빠는 오늘
친구 만나 마음 달랜다는데
나도, 형 많이 생각납니다

내 옆구리 형 빈자리
날마다 껴안고 자던 우리 형
잠결에 더듬다 형, 불러도
대답이 없습니다

우리 형 나 없으면 잠 못 잔다고
내 사진 가슴 주머니에 넣고 갔는데
오늘 밤 나도 잠이 안 옵니다

형 사진 가슴에 안고 자면
꿈속에서라도 만날 수 있을까요?

입대

아들 군대 보내고
마음 다스리지 못해 중랑천 걷는데
자꾸 눈물 납니다

이 길 걸어 홈플러스 갔는데
함께 나누던 이야기 귓전 맴도는데
자꾸자꾸 눈물 납니다

아픈 마음 위로받으려
누군가에게 보낸 문자에
돌아온 답

너무 슬퍼하지 마세요
철부지 아들 듬직한 남자 되어 돌아옵니다

그러겠지요
그래야지요

국군 택배

택배가 왔다
군대 간 형아 옷이 왔다

온종일
엄마도 울고
아빠도 울고
할머니는 울다가 병원에 가셨다

나는
형아 옷 꼭 껴안고
형아 냄새 맡으며 잤다

면회

가족마다
아기 군인 하나씩 품어 안고
포기, 포기 앉아서
두런두런 군대 이야기

송이마다
아기 군인 마주하고
이리 보고 저리 보고 안아 보고
이야기꽃 활짝

주어진 3시간
이것도 먹여보고, 저것도 먹여보고
이리 찍고 저리 찍고
추억 담기 바쁘다

딩동댕, 면회 끝났다는 방송
할머니, 할아버지, 엄마, 아빠 쓰라린 가슴
눈시울 붉어 오고

품 떠나는 아기 군인 애처로운 시선

아들아, 건강하게, 건강하게, 건강하게
못다 한 사랑 이야기
모아 모아서 밤새 내린다

1사단 신병교육대
사랑 비

두 몫으로 살아간다

징용으로 끌려가
꽃 시절 다 보내고
사람 아닌 사람으로
빈껍데기 돌아와

달 못 채운 핏덩이 새끼
그것도 새끼라고
지친 몸 추슬러
억척같이 살더니만

닳고 닳아버린 육신
깡그리 불타버린 영혼
하얗게 승화되던 날

피 토하고 정신 놓아버린
어린 자식

죽는 날까지

못다 한 삶
서러워 서러워서
두 몫으로 살아간다

애국

우리 교과서 한 페이지
독립군, 만주벌판, 조공 이야기
눈으로 확인한 날
난 울었지
몸이 울고 피가 울었지
사랑하는 내 조국 상처가 너무 아파서

우리 교과서 한 모퉁이
조상의 한 맺힌 이야기
몸으로 체험한 날
우리는 울었지
가슴이 울고 영혼이 울었지
그리고 다짐했지

사랑하는 내 조국, 대한민국!
목숨 다해 지키겠노라고

제5부

생각

하지 말아야 할 생각
점점 커지고

해야 할 생각
하나도 안 나

내 생각은
청개구리인가 봐

고맙다 1

고맙다

숨 잘 쉬어 주어 고맙고
먹고 싶은 거 먹어 주어 고맙고
잠 잘 자서 고맙고
오줌 마려울 때, 똥 마려울 때
나와 줘서 고맙다
해야 할 일 해줘서 고맙다

나에게 고맙다

고맙다 2

고맙다

너로 인해 엄마가 되어
출산의 고통, 키움의 기쁨, 대리 만족도 느껴보고
너를 위하여, 라는 명목 아래
보육, 교육, 진로 전문가 되어 공부하며
거침없었던 수많은 활동
너에게 받은 그 큰 선물로
내 삶이 풍부하고 성숙해졌다

네 엄마라서 고맙다

큰 사람

어른들은 말씀하신다
큰 사람 되라고

큰 사람?
키 크고 몸 크고 나이가 많다고
큰 사람 아니란다

키 작고 몸 작고
나이 적어도
존중, 배려, 사랑이 가득한 사람

그런 사람이
큰 사람이란다.

소나기

맘먹고
유리창 청소한다고
아침부터 분주한 우리 엄마

말갛던 하늘
두두두두 뚜두두둑
소나기 한바탕 휘몰아쳐
유리창 말끔히 청소하네

우리 엄마 신났네
물 떠 나를 일 심란했던
우리 아빠 더 신났네

어떻게 아셨을까?
우리 엄마 팔 아프신 줄
우리 아빠 술 덜 깨신 거
역시 하느님 최고

응급실에서

만들기 하다가 손을 베었다.
피가 뚝뚝

응급실엔
나보다 더 많이 아픈
나보다 더 어린 동생이
조용히 누워 있었다.

조금 전
호들갑 떤 일이 부끄러웠다.

휴지의 꿈

평생
한순간이라도 꽃이 되고픈 휴지
소나기 바람 손에 이끌려
망초꽃 위에 올랐다.

늘
더럽고 지저분한 것만 치우던 삶
처음으로 곱고 예쁜 꽃들 속에서
하얗게 흔들렸다.

오늘
폭풍우에 흔적 없이 사라지며
간절히 바라던 꿈
새하얀 꽃이 되었다.

명패

명패가
누구에게나 있는 건 아니야
속상한 일, 힘든 일, 어려운 일 많은 사람
바라보며 위로하고 힘내서 잘하라고
책상 앞에
눈 크게 뜨고 버티고 있는 거야

명패 앞에
한 점 부끄럼 없이 떳떳하게 이름값을 해야지
자, 힘을 내자 힘을 내
명패 앞에 앉은 사람이여
당신은 잘할 수 있어요
무엇이든

신호등 앞에서

엄마, 여기 보셔요
차들도 힘들대요
빨강 신호 깜빡깜빡
조금 쉬었다 가래요

아빠, 저기 보셔요
사람들 차례래요
초록 신호 깜빡깜빡
할머니도 강아지도 안전하게 건너래요

동생아, 우리도 달자
마음 신호등

참 잘했어요, 초록 신호
안 돼요, 안 돼 빨강 신호

우리 가족

우리 가족 사랑은 하나여도
좋아하는 건 다 달라요

온종일 주식만 보시는 할머니
잠드신 것 같아 살그머니 드라마 돌렸더니
"올랐냐?"
빨강 세모를 좋아하시는 우리 할머니
주무시면서도 TV 다 보셔요

세상일 다 아는 우리 아빤
NBN 뉴스

컴퓨터 박사 우리 형
게임 대장 나

식구만큼 화난 엄마
온종일 낑낑낑 일만 하시지요

감사한 마음

초등학교 4학년, '주말에 한 일' 일기 쓰기 과제가 있었습니다. 월요일 수업이 끝나고 담임선생님께서 일기장을 나누어 주시며 "우리 정희 글 잘 쓰는구나!" 작은 소리로 말씀하셨습니다.

저는 선생님의 그 칭찬을 세상에서 가장 큰 소리로 들었습니다. 저는 정말 제가 글을 잘 쓰는 줄 알았고 더 열심히 정성껏 글쓰기를 하였습니다. 당연히 글쓰기 실력도 늘고 자신감도 생겼습니다. 그 자신감은 글쓰기에만 국한되지 않았습니다. 저는 모든 일에 최선을 다해 노력하는 사람이 되었습니다.

그 여린 몸 어디에 감추었니?
튀어나오고 싶어 주체할 수 없는
커다란 끼

작은 가슴에 자라는

우주의 꿈
세상 바꾸는 힘

칭찬의 영양제로 사랑의 물을 주면
스스로 꽃 피우고 영그는
그 이름,
어 린 이

— 졸시, 「어린이」 전문

1983년 강원도 정선 사북초등학교로 첫 발령을 받아 담임을 맡으며 저도 저의 선생님처럼 아이들이 좋아하고 잘하는 것을 찾아 칭찬을 많이 해주는 선생님이 되고자 노력하였습니다. 우리 반 아이들도 칭찬을 들으면 정말 자신이 잘한다고 믿고 더 잘하려고 노력하는 모습을 볼 수 있었습니다. 칭찬은 짐승도 춤추게 한다는 말을 몸으로 체득하게 되었습니다.

내 별명 '나 잘해'
못하는 게 없지
아무리 크고 힘든 일도
시작은 작더라고
하다 못하면 거기까진 했잖아
후회는 없지

내 별명 '나 잘해'

안 되는 게 없지

아무리 어렵고 복잡한 일도

시작하면 되더라고

까짓것 죽기 아니면 살기지

'나 잘해'

멋지잖아

— 졸시, 「나 잘해」 전문

어른의 욕심과 조바심은 비교하고 다그치고 칭찬에 인색하게 만듭니다. 각기 다른 어린이! 다독여주고 기다려주고 칭찬해주고 정성을 다하면 아이들은 스스로 자신의 그릇을 만들어 갑니다.

아이들과 함께한 40년 세월 즐겁고 때론 속상하고 행복했고 아름다웠던 이야기들을 교직을 마무리하며 이 시집 『미안한 마음』을 어린이와 부모님께 바칩니다. 모쪼록 세상의 주인이 될 아이들이 안전하고 행복한 세상이기를 간절히 기도합니다.

문학의전당 시인선

미안한 마음

초판 1쇄 인쇄 2023년 4월 25일
초판 1쇄 발행 2023년 5월 3일
지은이 이정희
펴낸이 고영
디자인 헤이존
펴낸곳 문학의전당
출판등록 제448–251002012000043호
주소 충북 단양군 적성면 도곡파랑로 178
전화 043–421–1977
전자우편 sbpoem@naver.com

ISBN 979–11–5896–592–1 03810